Impressum
Verlag: BABADADA GmbH, Nedderfeld 112 , 22529 Hamburg
Geschäftsführer / Verlagsleitung: Harald Hof
Druck: Books on Demand GmbH, In de Tarpen 42, 22848 Norderstedt

Imprint
Publisher: BABADADA GmbH, Nedderfeld 112 , 22529 Hamburg, Germany
Managing Director / Publishing direction: Harald Hof
Print: Books on Demand GmbH, In de Tarpen 42, 22848 Norderstedt

colegio

мәктәп

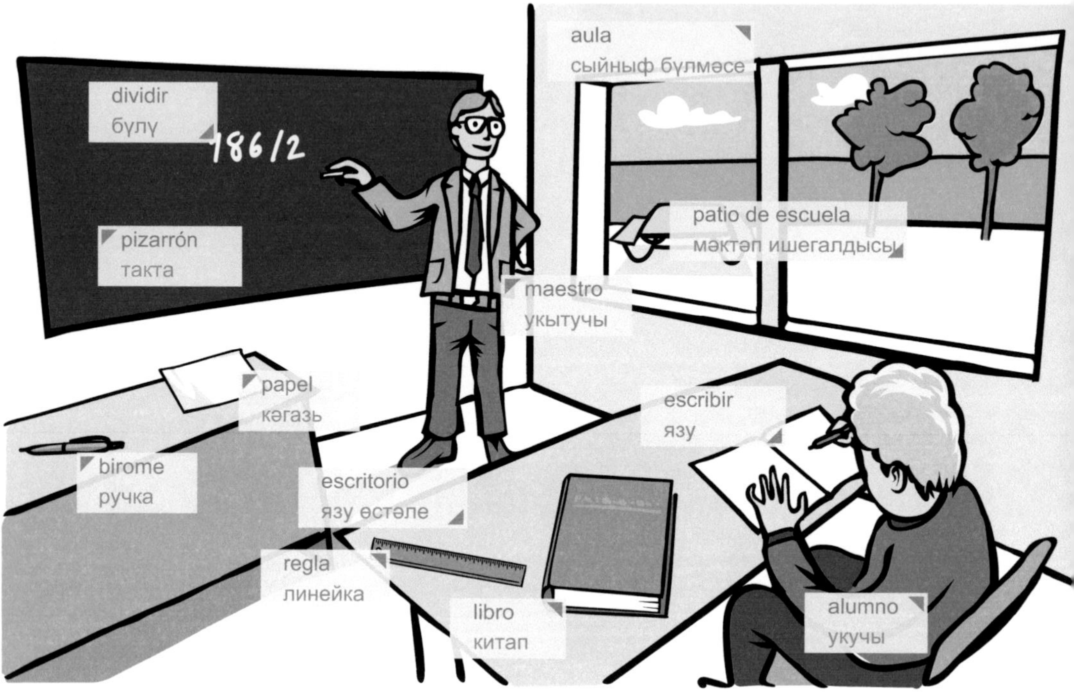
aula
сыйныф бүлмәсе
dividir
бүлү
186/2
pizarrón
такта
patio de escuela
мәктәп ишегалдысы
maestro
укытучы
papel
кәгазь
escribir
язу
birome
ручка
escritorio
язу өстәле
regla
линейка
libro
китап
alumno
укучы

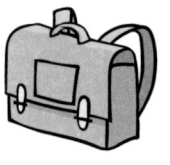

mochila

букча

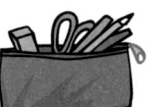

caja de lápices

пенал

lápiz

каләм

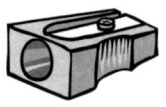

sacapuntas

каләм очлагыч

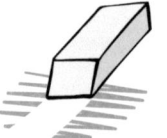

goma (de borrar)

бетергеч

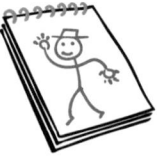

bloc de dibujo

рәсем ясау өчен альбом

dibujo

рәсем

pincel

кисточка

caja de pinturas

буяулар тартмасы

tijera

кайчы

pegamento

җилем

cuaderno de ejercicios

дәфтәр

tarea

өйгә эш

número

сан

sumar

кушу

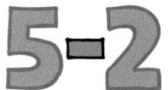

restar

алу

multiplicar

тапкырлау

calcular

исәпләү

letra

хәреф

abecedario

алфавит

palabra

сүз

texto

текст

leer

уку

tiza

акбур

lección

дәрес

cuaderno·de clase

сыйныф журналы

examen

имтихан

certificado

диплом

uniforme escolar

мәктәп формасы

educación

мәгариф

enciclopedia

энциклопедия

universidad

университет

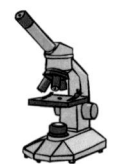

microscopio

микроскоп

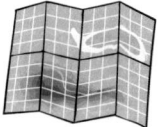

mapa

карта

tacho (de basura)

кәгазь өчен кәрҗин

hotel
кунакханә

Grand

hostel
турбаза

ROOMS

casa de cambio
валюта алмаштыру пункты

ECHANGE

valija
чемодан

auto
автомобиль

idioma

тел

sí / no

әйе / юк

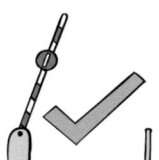

Está bien

яхшы

hola

сәлам

traductor

тәрҗемәче

Gracias

Рәхмәт

¿cuánto cuesta…?

Күпме тора…?

No entiendo

Мин аңламыйм

problema

проблема

¡Buenas tardes!

Хәерле кич!

¡Buenos días!

Хәерле иртә!

¡Buenas noches!

Тыныч йокы!

adiós

хушыгыз

dirección

юнәлеш

equipaje

багаж

bolso

букча

mochila

рюкзак

invitado

кунак

habitación

бүлмә

bolsa de dormir

йоклар өчен капчык

carpa

палатка

información turística

туристик мәгълүмат

playa

пляж

tarjeta de crédito

кредит картасы

desayuno

иртәнге аш

almuerzo

төш

cena

кичке аш

pasaje

билет

ascensor

лифт

sello

почта маркасы

frontera

чик

aduana

таможня

embajada

илчелек

visa

виза

pasaporte

паспорт

transporte

транспорт

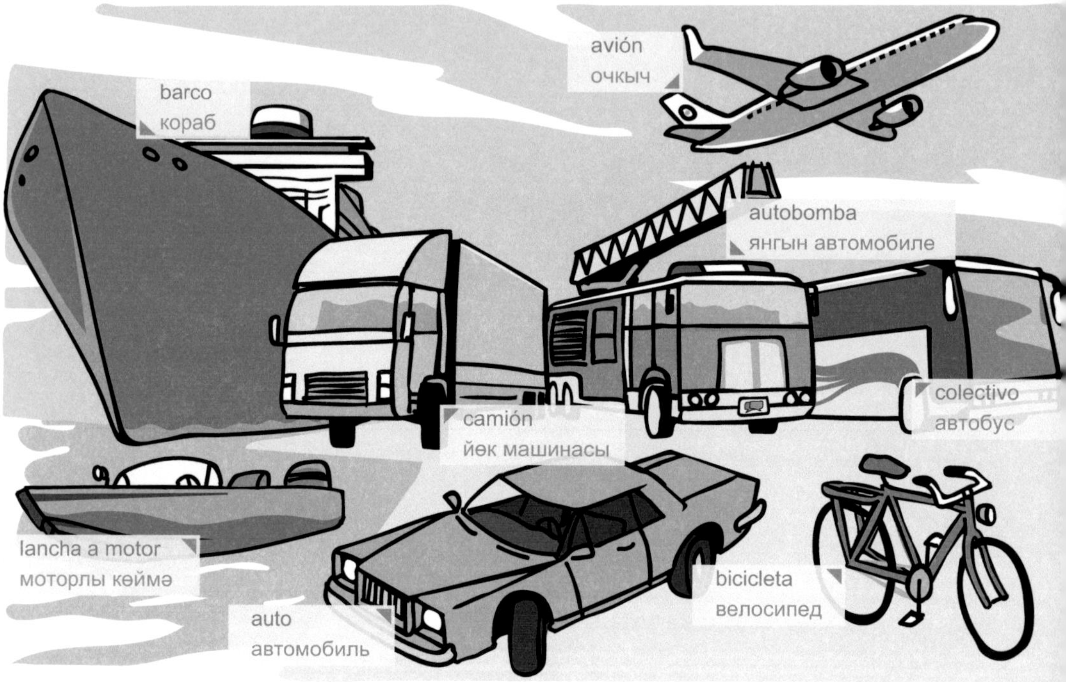

avión
очкыч
barco
кораб
autobomba
янгын автомобиле
colectivo
автобус
camión
йөк машинасы
lancha a motor
моторлы көймә
bicicleta
велосипед
auto
автомобиль

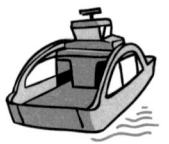

ferry

паром

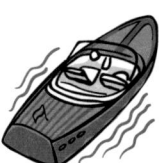

bote

көймә

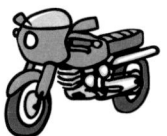

moto

мотоцикл

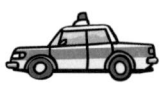

patrullero

полиция автомобиле

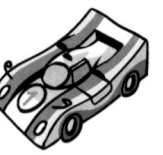

auto de carreras

узыш автомобиле

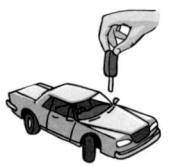

auto de alquiler

вакытлыча алып торган автомобиль

alquiler de autos

Автомобильләр белән
уртак файдалану

grúa

буксирлау автомобиле

camión de basura

чуп ташучы

motor

двигатель

nafta

ягулык

estación de servicio

заправка

señal de tránsito

юл билгесе

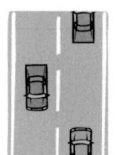

tránsito

хәрәкәт

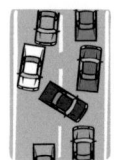

embotellamiento

бөке

estacionamiento

автомобиль тукталышы

estación de tren

вокзал

vías

рельслар

tren

поезд

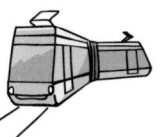

tranvía

трамвай

vagón

вагон

helicóptero

вертолет

aeropuerto

аэропорт

torre

каланча

pasajero

юлчы

contenedor

контейнер

caja de cartón

тартма

carretilla

арба

canasta

кәрзинкә

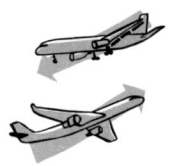

despegar / aterrizar

очу / җиргә төшу

ciudad

шәһәр

pueblo

авыл

centro de ciudad

шәһәр үзәге

casa

йорт

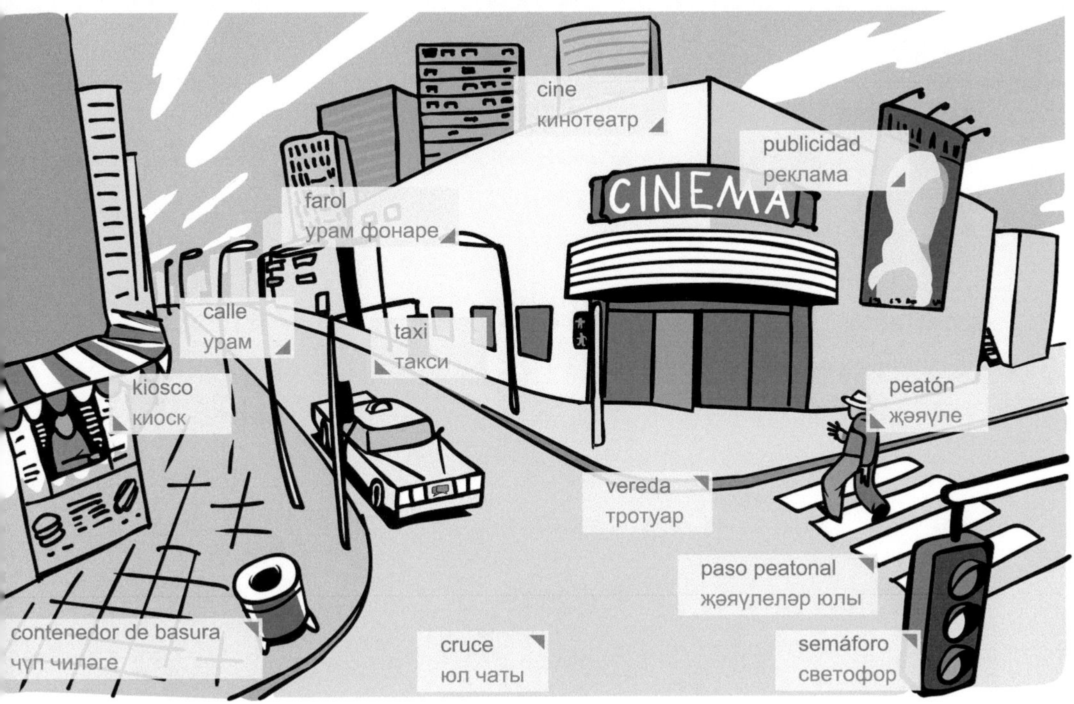

cine
кинотеатр

publicidad
реклама

farol
урам фонаре

calle
урам

taxi
такси

kiosco
киоск

peatón
җәяүле

vereda
тротуар

paso peatonal
җәяүлеләр юлы

contenedor de basura
чүп чиләге

cruce
юл чаты

semáforo
светофор

cabaña

алачык

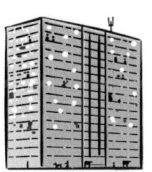

departamento

фатир

estación de tren

вокзал

municipalidad

ратуша

museo

музей

colegio

мәктәп

universidad

университет

banco

банк

hospital

хастаханә

hotel

кунакханә

farmacia

даруханә

oficina

офис

librería

китап кибете

negocio

кибет

florería

чәчәк кибете

supermercado

супермаркет

mercado

базар

grandes tiendas

универмаг

pescadería

балык кибете

centro comercial

сәүдә үзәге

puerto

порт

parque

парк

banco

эскәмия

puente

күпер

escaleras

баскыч

subte

метро

túnel

тоннель

parada del colectivo

автобус тукталышы

bar

бар

restaurante

ресторан

buzón

почта тартмасы

letrero

урам исеме язылган такта

parquímetro

паркометр

zoológico

зоопарк

pileta

бассейн

mezquita

мәчет

granja

ферма

contaminación

әйләнә-тирә мохитне пычрату

cementerio

зират

iglesia

чиркәү

juegos infantiles

балалар мәйданчыгы

templo

гыйбадәтханә

paisaje
ландшафт

hoja
бит

poste indicador
юл күрсәткече

camino
юл

pradera
болын

piedra
таш

árbol
агач

excursionista
сәяхәтче

río
елга

hierba
үлән

flor
чәчәк

valle

үзән

montaña

тау

lago

күл

bosque

урман

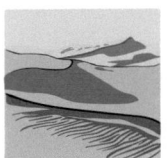

desierto

чүл

volcán

вулкан

castillo

йозак

arco iris

салават күпере

champiñón

гөмбә

palmera

пальма

mosquito

черки

mosca

чебен

hormiga

кырмыска

abeja

корт

araña

үрмәкүч

escarabajo

коңгыз

rana

бака

ardilla

тиен

erizo

керпе

liebre

куян

lechuza

ябалак

pájaro

кош

cisne

аккош

jabalí

кабан дуңгызы

ciervo

болан

alce

поши

presa

буа

aerogenerador

җил генераторы

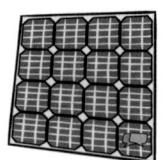

panel solar

кояш батареясы

clima

климат

restaurante
ресторан

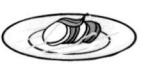

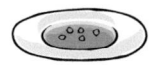

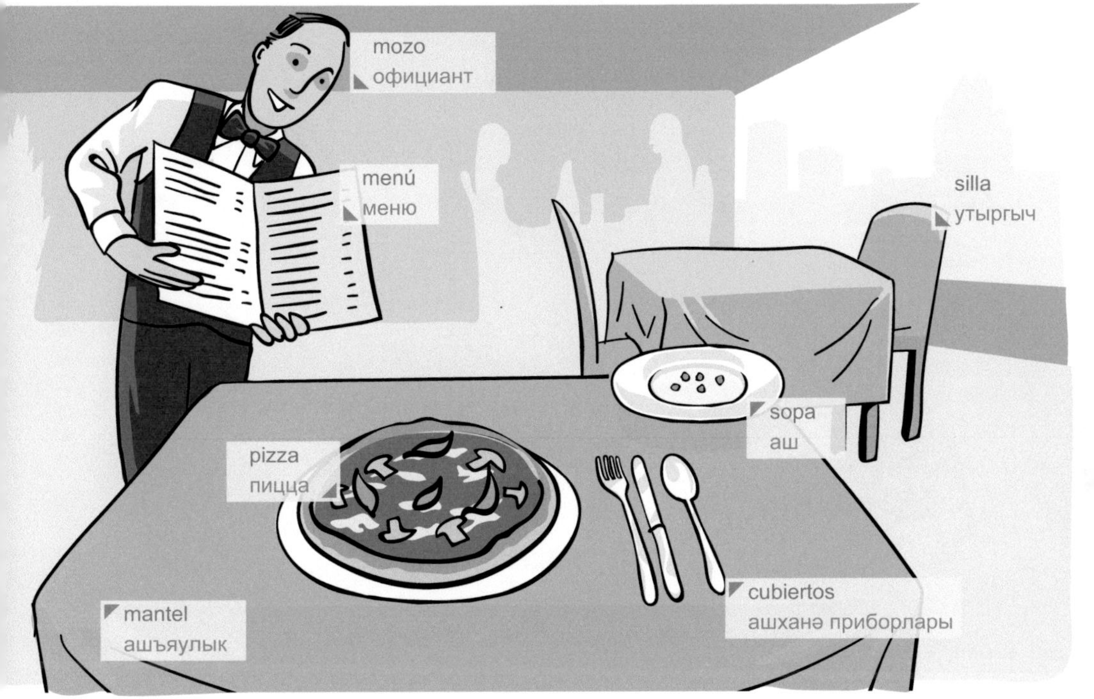
mozo
официант
menú
меню
silla
утыргыч
sopa
аш
pizza
пицца
cubiertos
ашханә приборлары
mantel
ашъяулык

entrada

кабымлык

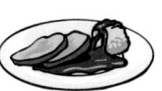

plato principal

төп ашамлык

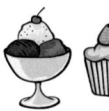

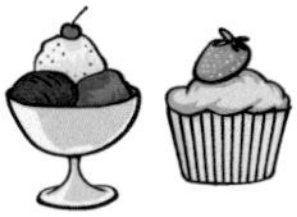

postre

десерт

bebidas

эчемлекләр

comida

азык

botella

шешә

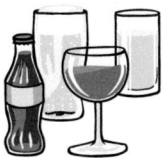

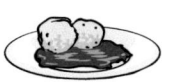

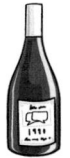

comida rápida

фастфуд

comida callejera

урам ризыгы

tetera

чәйнек

azucarera

шикәр савыты

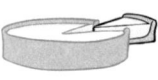

porción

күләм

cafetera expreso

кофе кайнаткыч

sillita alta

балалар урындыгы

cuenta

исәпләү

bandeja

поднос

cuchillo

пычак

tenedor

чәнечке

cuchara

кашык

cucharita

чәй кашыгы

servilleta

салфетка

vaso

стакан

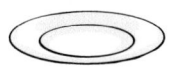

plato

тәлинкә

plato hondo

аш тәлинкәсе

plato

чәй тәлинкәсе

salsa

соус

salero

тоз савыты

molinillo de pimienta

борыч ваклагыч

vinagre

серкә

aceite

сыек май

especias

тәмләткеч

kétchup

кетчуп

mostaza

горчица

mayonesa

майонез

supermercado

супермаркет

oferta especial
махсус тәкъдим
FOR
cliente
сатып алучы
lácteos
сөт продуктлары
fruta
җимешләр
changuito
кибеттәге арба

BUTCHERS

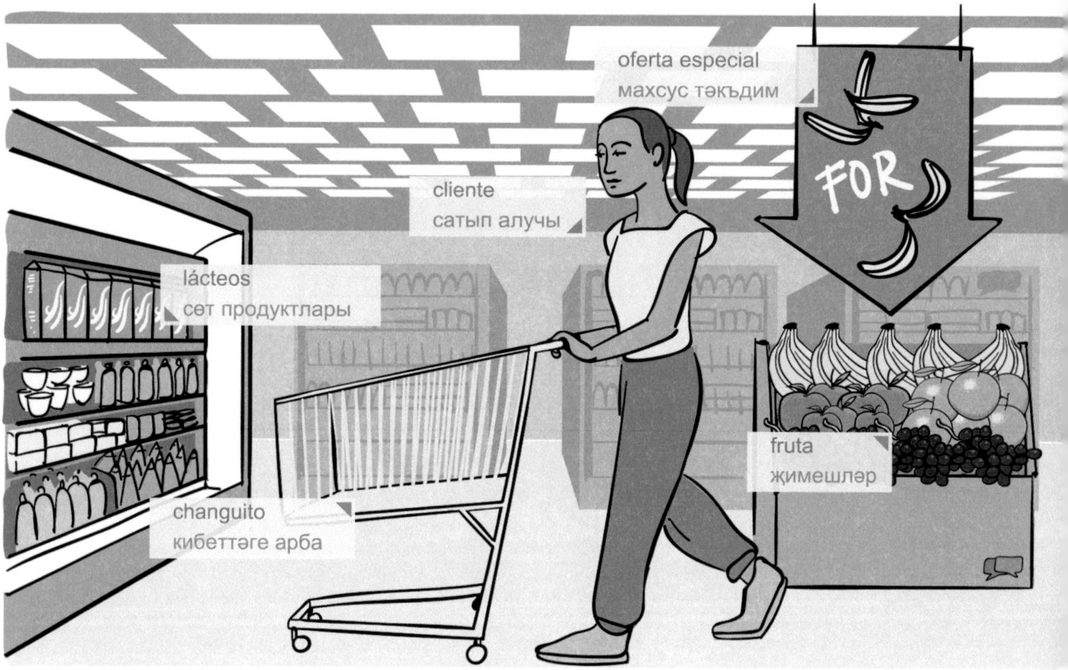

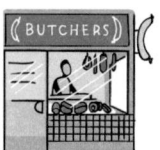

carnicería

ит кибете

BAKERY

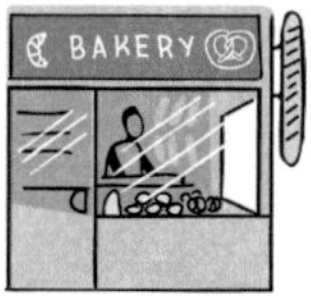

panadería

икмәк пешерү йорты

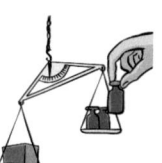

pesar

килү

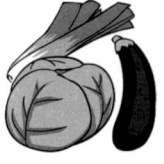

verduras

яшелчә

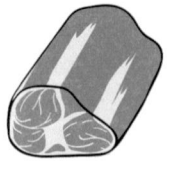

carne

ит

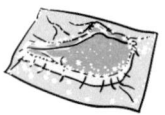

alimentos congelados

туңдырылган продуктлар

fiambres

кисәкле ит

alimentos enlatados

консервалар

detergente en polvo

кер юу порошогы

golosinas

тәм-томнар

electrodomésticos

көнкүреш җиһазлары

productos de limpieza

юу әйбере

vendedora

хатын-кыз сатучы

caja

касса

cajero

кассир

lista de compras

сатып алган әйберләрнең исемлеге

horario de atención

эш вакыты

billetera

бумажник

tarjeta de crédito

кредит картасы

cartera

букча

bolsa de plástico

полиэтилен пакет

agua

су

jugo

сок

leche

сөт

bebida cola

кока-кола

vino

шәраб

cerveza

сыра

alcohol

хәмер

cacao

какао

té

чәй

café

кофе

café expreso

эспрессо

cappuccino

капучино

banana

банан

manzana

алма

naranja

әфлисун

melón

карбыз

limón

лимон

zanahoria

кишер

ajo

сарымсак

bambú

бамбук

cebolla

суган

champiñón

гөмбә

nueces

чикләвекләр

fideos

токмач

tallarines

спагетти

arroz

дөге

ensalada

салат

papas fritas

чипсы

papas fritas

кыздырылган бәрәңге

pizza

пицца

hamburguesa

гамбургер

sándwich

сэндвич

churrasco

котлет

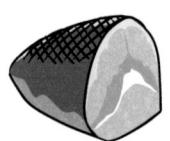

jamón

ветчина

salame

салями

salchicha

сосиска

pollo

тавык

asado

кыздырма

pescado

балык

copos de avena

солы кисәкләре

muesli

мюсли

copos de maíz

кукуруз кисәкләре

harina

он

medialuna

круассан

pancito

булка

pan

икмәк

tostada

тост

galletitas

печенье

manteca

май

cuajada

эремчек

torta

пирог

huevo

йомырка

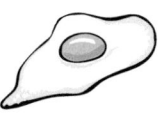

huevo frito

йомырка тәбәсе

queso

сыр

helado

туңдырма

azúcar

шикәр

miel

бал

mermelada

кайнатма

pasta de chocolate

шоколадлы паста

curry

карри

granja

ферма

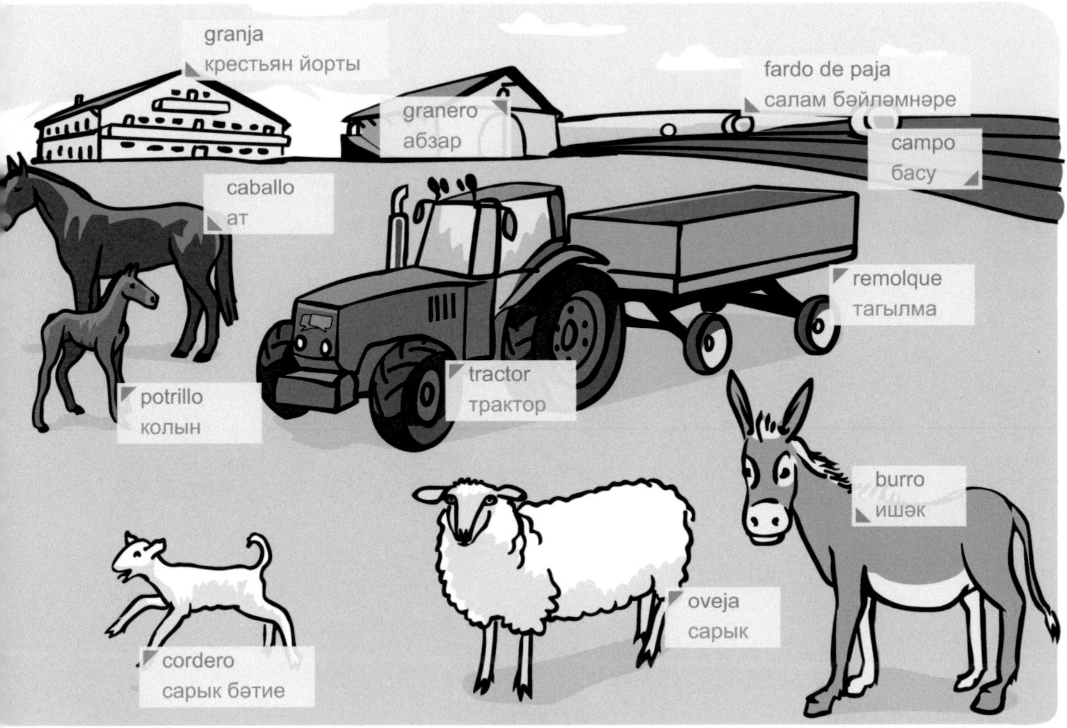
granja
крестьян йорты
granero
абзар
fardo de paja
салам бәйләмнәре
campo
басу
caballo
ат
remolque
тагылма
tractor
трактор
potrillo
колын
burro
ишәк
oveja
сарык
cordero
сарык бәтие

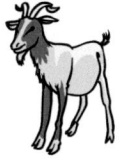

cabra

кәҗә

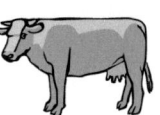

vaca

сыер

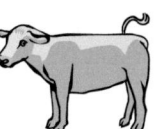

ternero

бозау

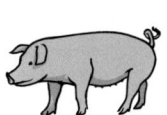

cerdo

дуңгыз

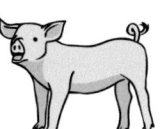

lechón

дуңгыз баласы

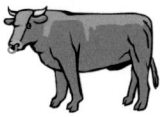

toro

үгез

ganso

каз

pato

үрдәк

pollo

чеби

gallina

тавык

gallo

әтәч

rata

күсе

gato

песи

ratón

тычкан

buey

эш үгезе

perro

эт

cucha

эт оясы

manguera

бакча шлангысы

regadera

сусипкеч

guadaña

чалгы

arado

сабан

hoz

урак

azada

китмән

horquilla

тирес сәнәге

hacha

балта

carretilla

кул арбасы

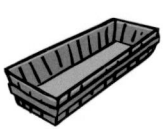

abrevadero

тагарак

lechera

сөт өчен бидон

bolsa

капчык

reja

койма

establo

абзар

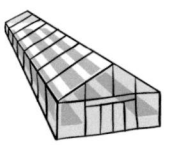

invernadero

теплица

suelo

туфрак

semilla

чәчү

fertilizador

ашлама

cosechadora

комбайн

cosechar

уңыш җыю

cosecha

уңыш

batatas

ямса

trigo

бодай

soja

соя

papa

бәрәңге

maíz

кукуруз

semilla de colza

рапс

árbol frutal

җимеш агачы

mandioca

маниок

cereales

иген

casa
йорт

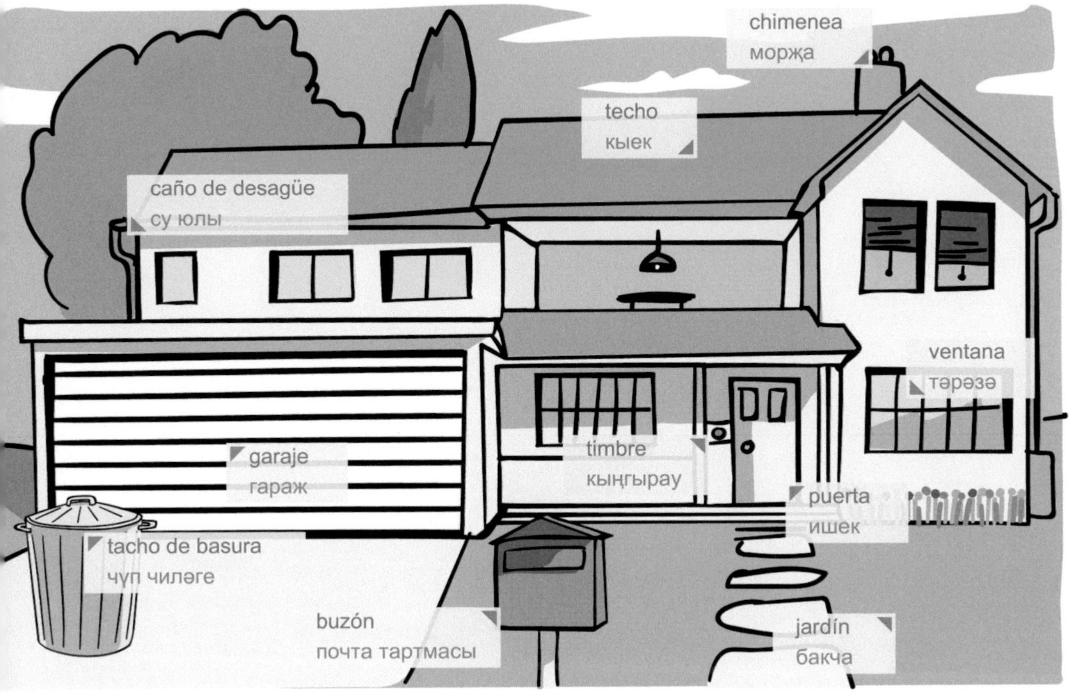
chimenea
моржа
techo
кыек
caño de desagüe
су юлы
ventana
тәрәзә
garaje
гараж
timbre
кыңгырау
puerta
ишек
tacho de basura
чүп чиләге
buzón
почта тартмасы
jardín
бакча

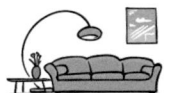

living

кунак бүлмәсе

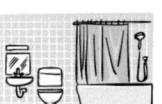

baño

ванна бүлмәсе

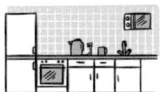

cocina

аш бүлмәсе

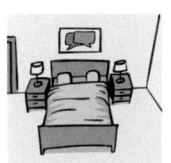

dormitorio

йокы бүлмәсе

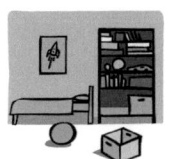

cuarto de los chicos

балалар бүлмәсе

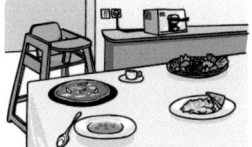

comedor

ашханә

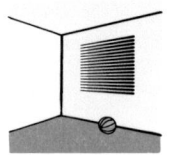

piso

идән

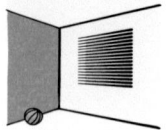

pared

дивар

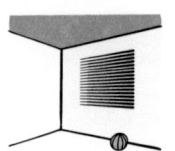

cielorraso

түшәм

sótano

баз

sauna

сауна

balcón

балкон

terraza

терраса

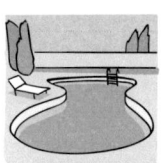

pileta

бассейн

cortadora de pasto

газон чапкыч

sábana

юрган аслыгы

acolchado

япма

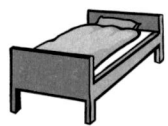

cama

карават

escoba

себерке

balde

чиләк

interruptor

сүндергеч

living
кунак бүлмәсе

empapelado
обойлар
imagen
рәсем
lámpara
лампа
estante
киштә
armario
шкаф
televisión
телевизор
chimenea
камин
flor
чәчәк
almohadón
мендәр
sofá
диван
florero
ваза
control remoto
дистанцион идарә итү пульты

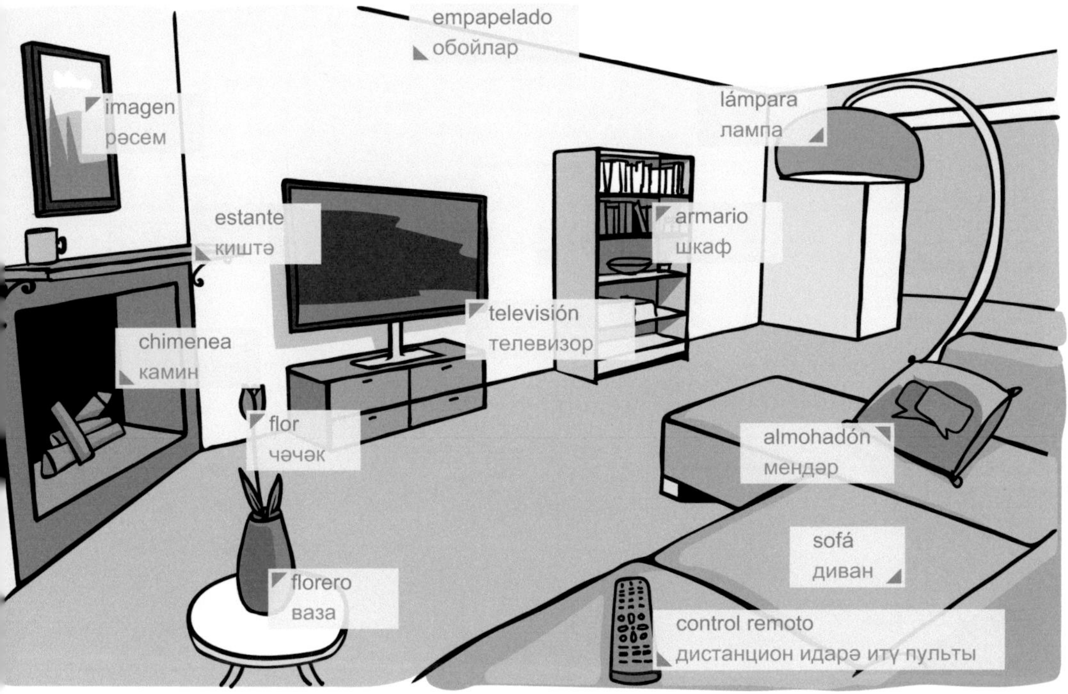

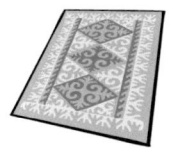

alfombra

келәм

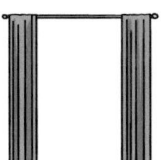

cortina

пәрдә

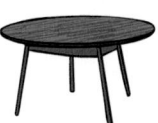

mesa

өстәл

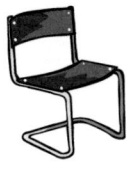

silla

утыргыч

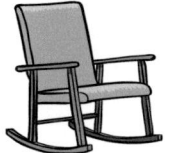

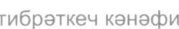

mecedora

тибрәткеч кәнәфи

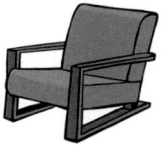

sillón

кәнәфи

libro

китап

frazada

япма

decoración

бизәк

leña

утын

película

фильм

equipo de música

стереосистема

llave

ачкыч

diario

газета

pintura

картина

póster

плакат

radio

радио

cuaderno

блокнот

aspiradora

тузан суыргыч

cactus

кактус

vela

шәм

cocina

аш бүлмәсе

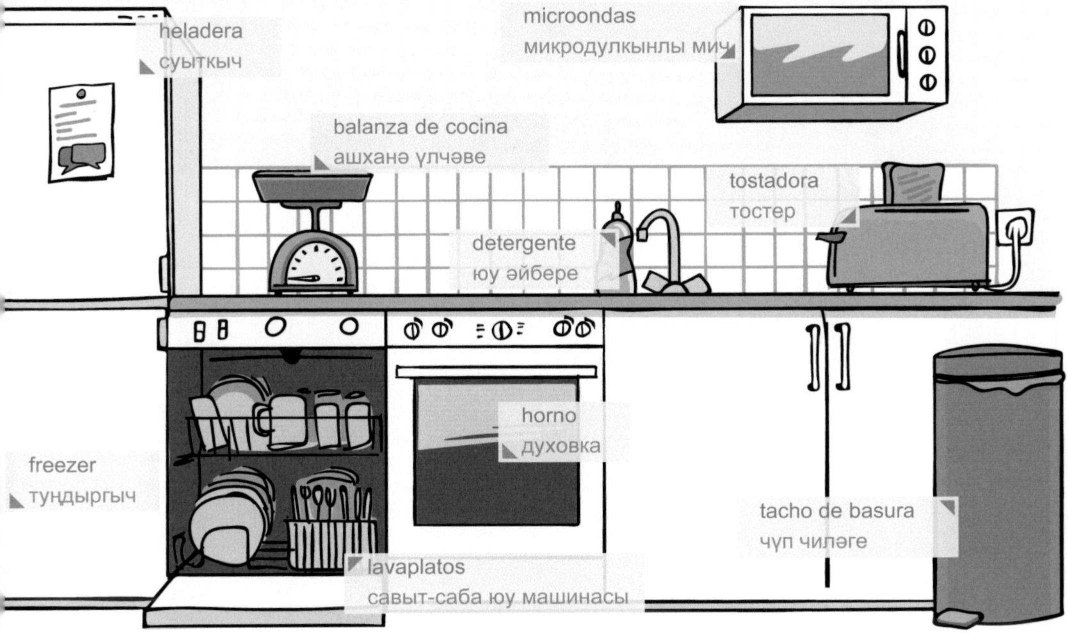
heladera
суыткыч
microondas
микродулкынлы мич
balanza de cocina
ашханә үлчәве
tostadora
тостер
detergente
юу әйбере
horno
духовка
freezer
туңдыргыч
tacho de basura
чүп чиләге
lavaplatos
савыт-саба юу машинасы

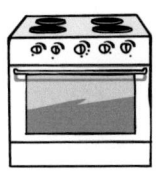

cocina

плитә

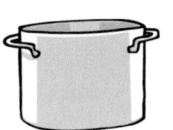

olla

кәстрүл

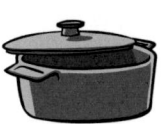

olla de hierro fundido

чуен казан

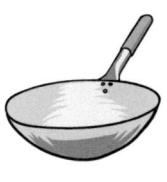

wok

вок / казан

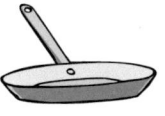

sartén

таба

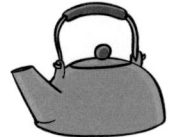

pava

чәйнек

vaporera

парда пешергеч

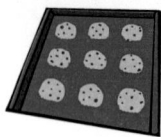

bandeja de horno

калай таба

vajilla

савыт-саба

taza

кружка

bol

җамаяк

palitos

таякчык

cucharón

аш чүмече

estpátula

лопатка

batidora

туглауыч

colador

иләк

colador

иләк

rallador

кыргыч

mortero

төйгеч

parrilla

гриль

fogata

учак

tabla de picar

такта

palo de amasar

уклау

sacacorchos

бөке суыргыч

lata

калай банк

abrelatas

консерв ачу өчен пычак

manopla

эләктергеч

pileta

раковина

cepillo

щётка

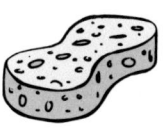

esponja

губка

batidora

миксер

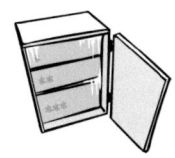

congelador

туңдыру камерасы

mamadera

ашату өчен шешә

canilla

кран

baño

ванна бүлмәсе

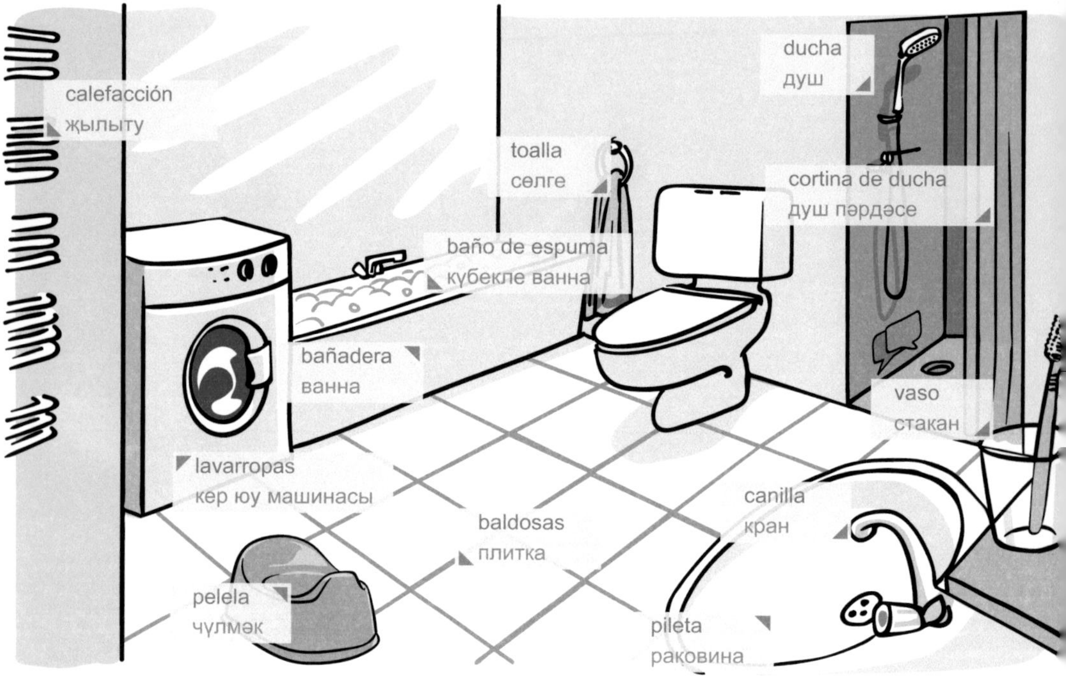

calefacción
җылыту
ducha
душ
toalla
сөлге
cortina de ducha
душ пәрдәсе
baño de espuma
күбекле ванна
bañadera
ванна
vaso
стакан
lavarropas
кер юу машинасы
canilla
кран
baldosas
плитка
pelela
чүлмәк
pileta
раковина

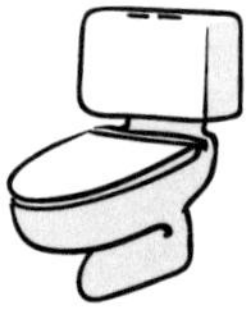

inodoro

бәдрәф

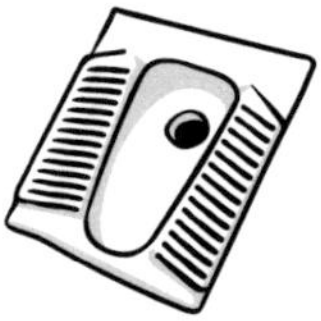

letrina

унитаз

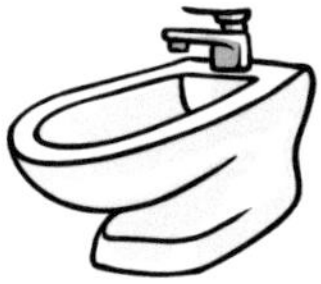

bidé

биде

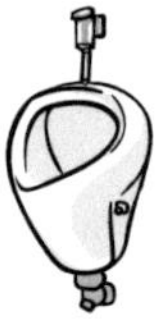

mingitorio

писсуар

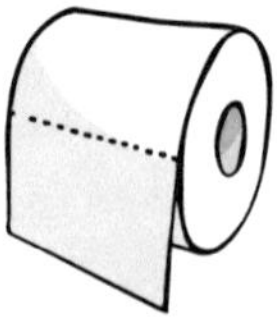

papel higiénico

бәдрәф кәгазе

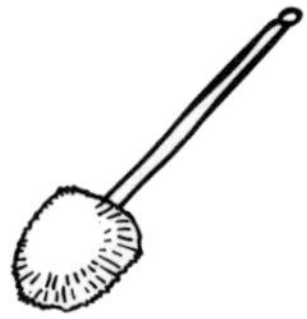

cepillo para el inodoro

керпе кебек чистарткыч

cepillo de dientes

теш щеткасы

dentífrico

теш пастасы

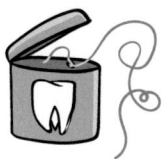

hilo dental

теш җебе

lavar

юу

ducha de mano

кул душы

ducha higiénica

душ

palangana

оча сөяге

cepillo para espalda

аврка өчен щетка

jabón

сабын

gel de ducha

душ өчен гель

shampoo

шампунь

toallita

мунчала

desagüe

агым

crema

крем

desodorante

дезодорант

espejo

көзге

espejito

кул көзгесе

maquinita de afeitar

пәке

espuma de afeitar

кырыну өчен күбек

aftershave

Кырынаганнан соң
кулланыла торган лосьон

peine

тарак

cepillo

щётка

secador de pelo

фен

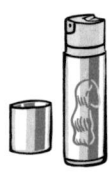

spray

чәчләр лагы

maquillaje

косметика

lápiz de labios

ирен буявы

esmalte para uñas

тырнаклар лагы

algodón

мамык

tijera para uñas

маникюр кайчысы

perfume

хушбуй

portacosméticos

косметика савыты

banqueta

урындык

balanza

үлчәү

bata

халат

guantes de goma

резин перчаткалар

tampón

тампон

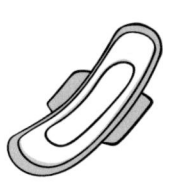

toallita femenina

гигиена жәймәсе

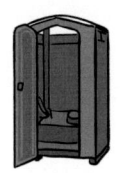

baño químico

биотуалет

cuarto de los chicos
балалар бүлмәсе

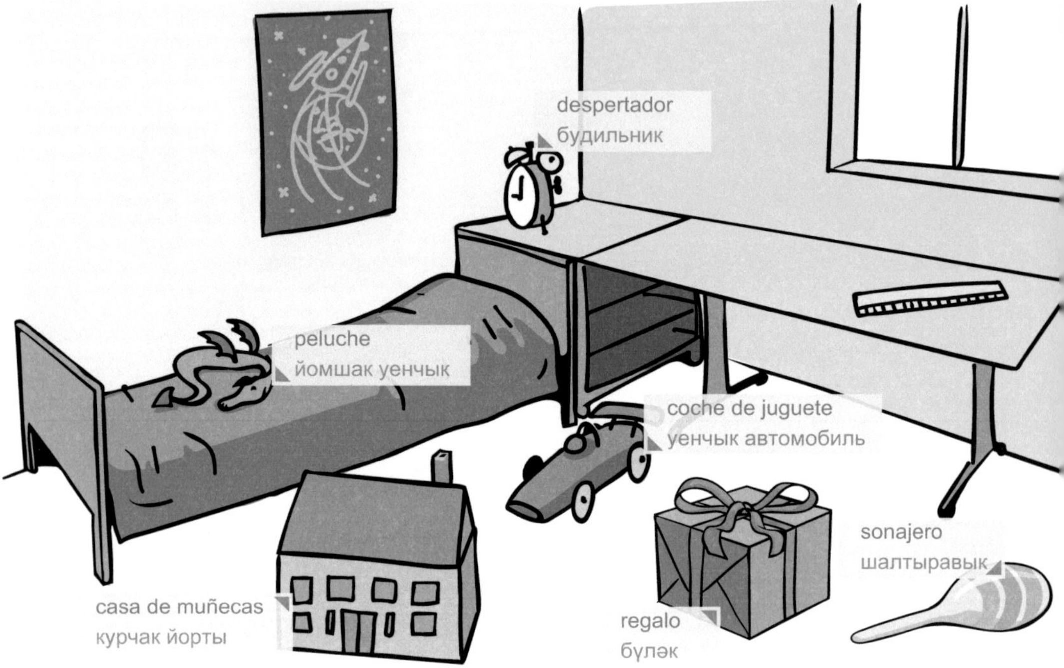
despertador
будильник
peluche
йомшак уенчык
coche de juguete
уенчык автомобиль
sonajero
шалтыравык
casa de muñecas
курчак йорты
regalo
бүләк

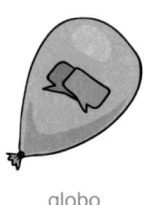

globo

hава шары

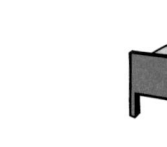

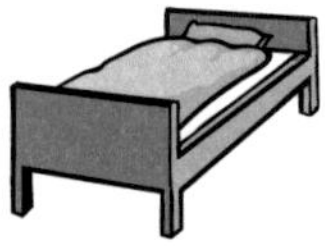

cama

карават

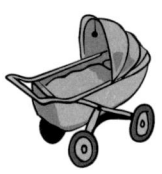

cochecito

балалар колясксы

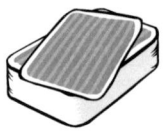

cartas

кәрт уены

rompecabezas

пазл

SUPER
MEGA

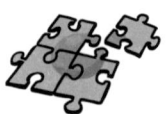

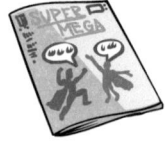

historieta

комикс

piezas de lego

Лего кирпечекләре

ladrillos de juguete

шакмак

figura de acción

уенчык

enterito (de bebé)

ползунки

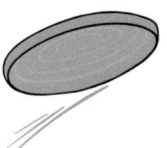

frisbee

фрисби

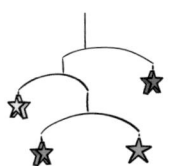

móvil para bebés

мобиль

juego de mesa

өстәл уены

dados

шакмак

tren eléctrico

тимер юл моделе

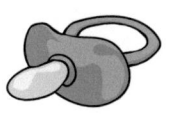

chupete

имезлек

fiesta

кичә

libro de cuentos ilustrado

рәсемнәр белән бизәлгән китап

pelota

туп

muñeca

курчак

jugar

уйнау

arenero

комлык

hamaca

таган

juguetes

уенчык

consola de videojuegos

уен приставкасы

triciclo

өч көпчәкле велосипед

osito de peluche

плюш аю

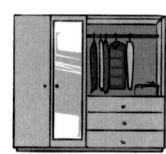

armario

кием-салым шкафы

ropa

кием

medias

оекбаш

medias panty

оек

calzas

колготки

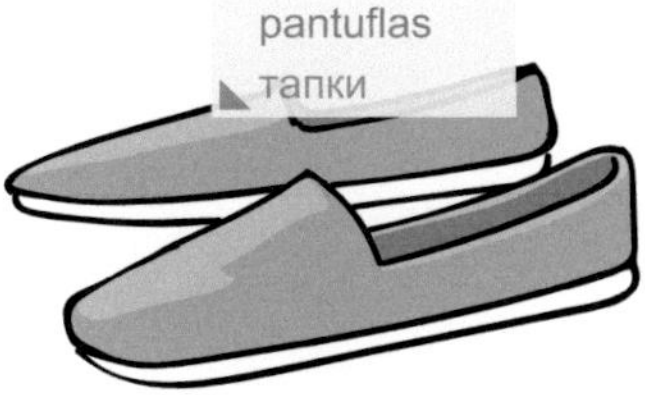

bufanda
шарф

paraguas
зонт

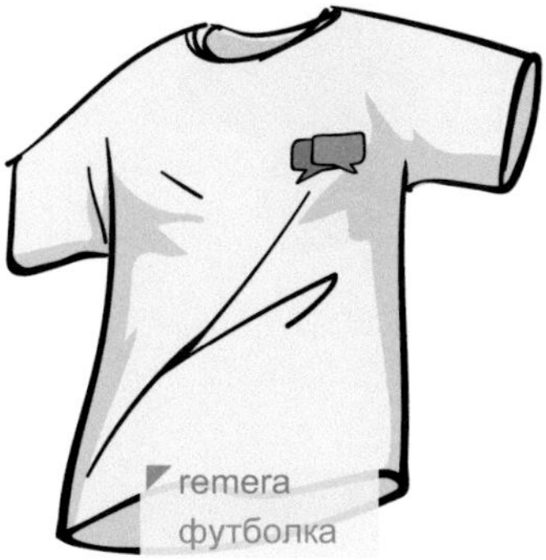

remera
футболка

cinturón
каеш

botas
итек

pantuflas
тапки

zapatillas
кроссовки

sandalias
················
сандаллар

zapatos
················
ботинкалар

botas de goma
················
резин итекләр

ropa interior
················
трусик

corpiño
················
бюстгальтер

chaleco
················
майка

body

боди

pantalones

чалбар

jeans

джинсы

pollera

итәк

blusa

блузка

camisa

күлмәк

pulóver

свитер

buzo

свитер

blazer

спорт курткасы

campera

жакет

tapado

пәлтә

piloto

плащ

traje

костюм

vestido

күлмәк

vestido de novia

туй күлмәге

traje

ирләр костюмы

camisón

төнге эчке күлмәк

pijama

пижама

sari

сари

pañuelo para cabeza

яулык

turbante

чалма

burka

пәрәнҗә

caftán

кафтан

abaya

абайя

traje de baño

коену костюмы

short de baño

плавки

shorts

шорт

jogging

спорт костюмы

delantal

алъяпкыч

guantes

перчаткалар

botón

тɵймə

anteojos

күзлек

pulsera

беləзек

collar

чылбыр

anillo

балдак

aro

алка

gorra

бүрек

percha

элгеч

sombrero

эшлəпə

corbata

галстук

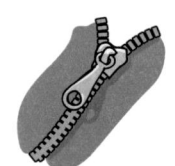

cierre

молния каптырмасы

casco

каска

tiradores

подтяжка

uniforme escolar

мəктəп формасы

uniforme

форма

babero

балалар күкрәкчәсе

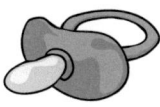

chupete

имезлек

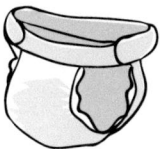

pañal

подгузник

oficina
офис

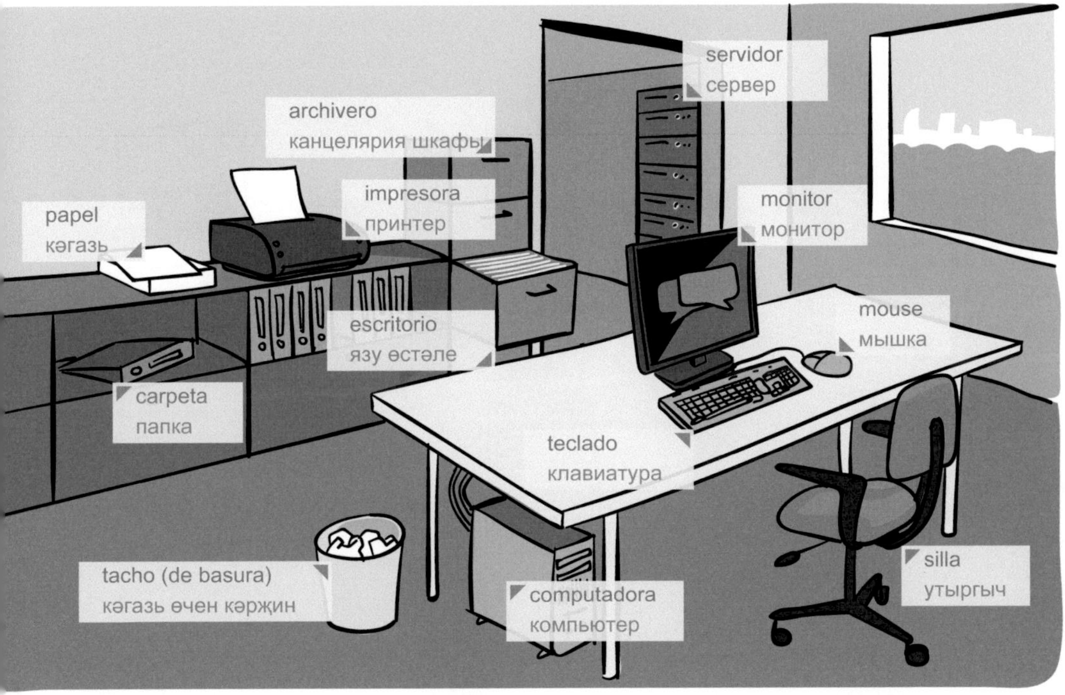

servidor
сервер

archivero
канцелярия шкафы

impresora
принтер

papel
кәгазь

monitor
монитор

escritorio
язу өстәле

mouse
мышка

carpeta
папка

teclado
клавиатура

tacho (de basura)
кәгазь өчен кәрҗин

silla
утыргыч

computadora
компьютер

taza de café

кофе кружкасы

calculadora

калькулятор

internet

интернет

laptop

ноутбук

carta

хат

mensaje

хәбәр

celular

кесә телефоны

red

челтәр

fotocopiadora

ксерокс

software

программа

teléfono

телефон

tomacorriente

розетка

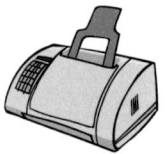

fax

факс

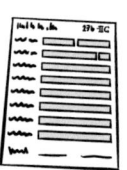

formulario

формуляр

documento

документ

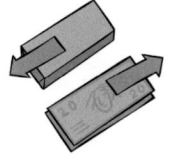

comprar

сатып алу

pagar

түләу

hacer negocios

сәүдә

dinero

акча

dólar

доллар

euro

евро

yen

иена

rublo

сум

franco suizo

франк

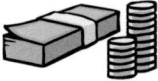

yuan

жэньминьби юань

rupia

рупия

cajero automático

банкомат

casa de cambio

валюта алмаштыру
пункты

oro

алтын

plata

көмеш

petróleo

җир мае

energía

энергия

precio

бәя

contrato

килешү

impuesto

салым

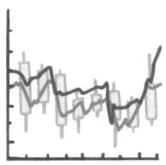

acción

акция

trabajar

эш

empleado

эшче

empleador

эш бируче

fábrica

фабрика

negocio

кибет

ocupaciones

профессияләр

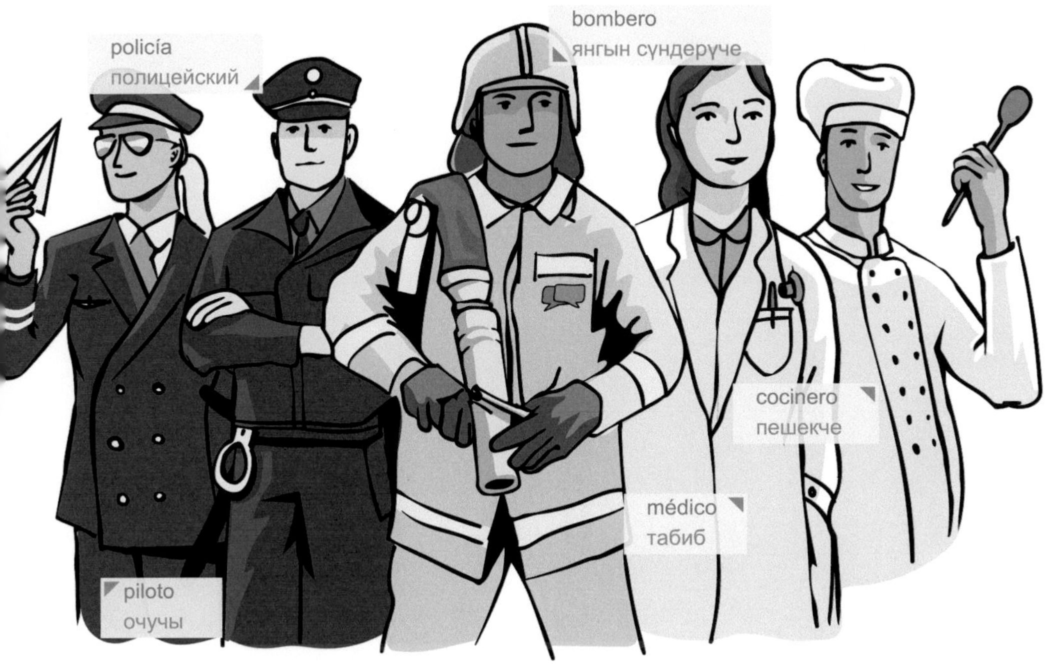
policía
полицейский
bombero
янгын сүндерүче
cocinero
пешекче
médico
табиб
piloto
очучы

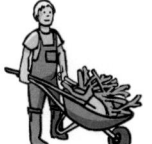

jardinero

бакчачы

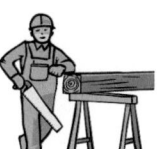

carpintero

агач остасы

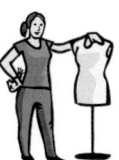

modista

тегүче

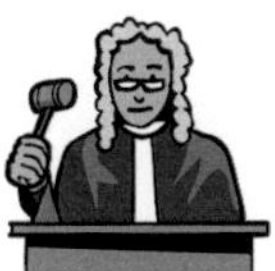

juez

хаким

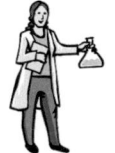

farmacéutico

химик

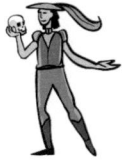

actor

актер

colectivero

автобус йөртүче

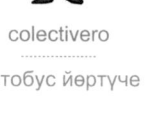

taxista

таксист

pescador

балыкчы

mucama

җыештыручы хатын

techista

түбә ябучы

mozo

официант

cazador

аучы

pintor

рәссам

panadero

пешекче

electricista

электрик

albañil

төзүче

ingeniero

инженер

carnicero

итче

plomero

сантехник

cartero

хат ташучы

soldado

солдат

arquitecto

архитектор

cajero

кассир

florista

чәчәкче

peluquero

парикмахер

cobrador

кондуктор

mecánico

механик

capitán

капитан

dentista

теш табибы

científico

галим

rabino

раввин

imán

имам

monje

монах

sacerdote

рухани

herramientas
кораллар

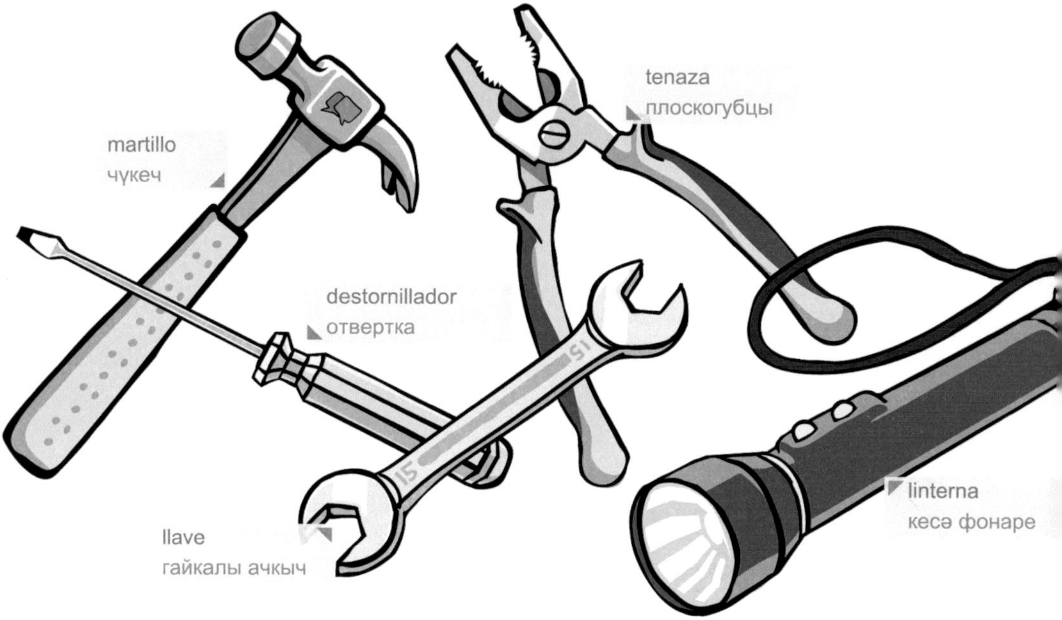
martillo
чүкеч
tenaza
плоскогубцы
destornillador
отвертка
llave
гайкалы ачкыч
linterna
кесә фонаре

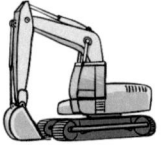

excavadora

экскаватор

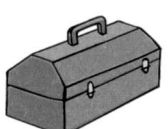

caja de herramientas

инструментлар өчен тартма

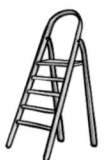

escalera portátil

баскыч

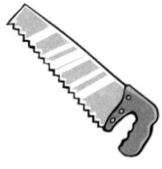

sierra

пычкы

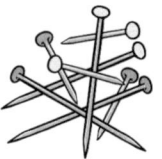

clavos

кадаклар

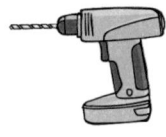

taladro

дрель

arreglar

төзәтү

pala de jardín

көрәк

¡Qué bronca!

Шайтан алгыры!

pala de plástico

соскы

tacho de pintura

савытлы буяу

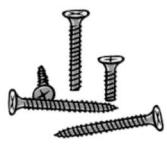

tornillos

винтлар

instrumentos musicales
музыкаль инструментлар

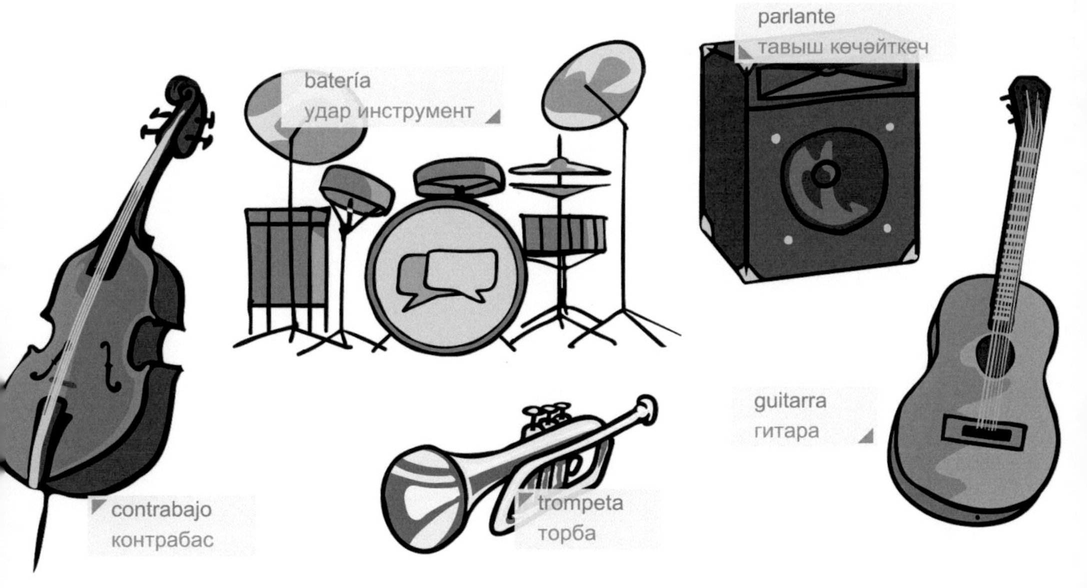

parlante
тавыш көчәйткеч

batería
удар инструмент

guitarra
гитара

contrabajo
контрабас

trompeta
торба

piano

пианино

violín

скрипка

bajo

бас-гитара

timbales

литавра

tambor

барабан

teclado

синтезатор

saxofón

саксофон

flauta

флейта

micrófono

микрофон

zoológico

зоопарк

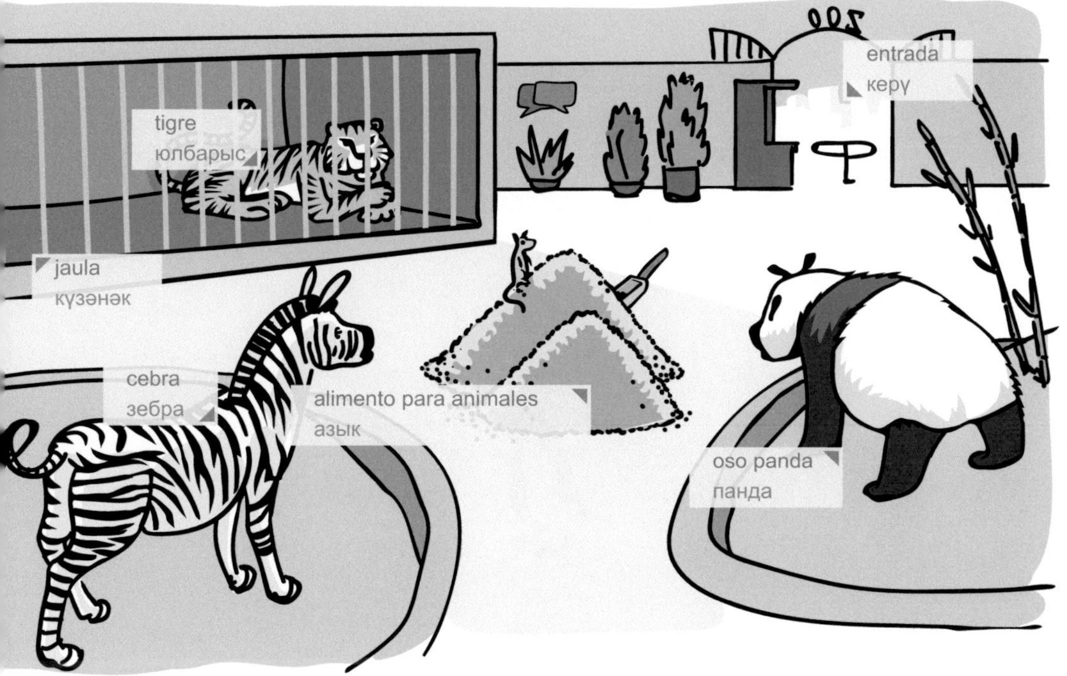

tigre
юлбарыс
jaula
күзәнәк
cebra
зебра
alimento para animales
азык
entrada
керү
oso panda
панда

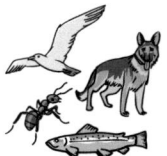

animales

хайваннар

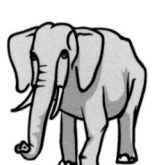

elefante

фил

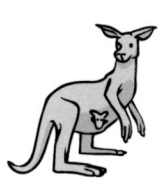

canguro

көнгерә

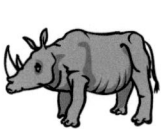

rinoceronte

мөгезборын

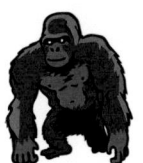

gorila

горилла

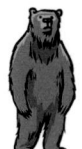

oso

аю

camello

дөя

avestruz

тәвә кошы

león

арыслан

mono

маймыл

flamenco

фламинго

loro

тутый кош

oso polar

ак аю

pingüino

пингвин

tiburón

акула

pavo real

тавис

serpiente

елан

cocodrilo

крокодил

cuidador del zoológico

зоопарк хезмәткәре

foca

тюлень

jaguar

ягуар

zoológico - зоопарк

poni

пони

leopardo

каплан

hipopótamo

су үгезе

jirafa

жираф

águila

бөркет

jabalí

кабан дуңгызы

pescado

балык

tortuga

ташбака

morsa

морж

zorro

төлке

gacela

газәл

fútbol americano
америка футболы

ciclismo
велосипедта йөрү

tenis
теннис

básquet
баскетбол

natación
йөзү

boxeo
бокс

hockey sobre hielo
хоккей

fútbol
футбол

bádminton
бадминтон

atletismo
җиңел атлетика

handball
гандбол

esquí
чаңгы спорты

polo
поло

actividades

хәрәкәт

reír
көлү
saltar
сикерү
abrazar
кочаклау
caminar
бару
cantar
җырлау
soñar
хыяллану
rezar
гыйбадәт кылу
besar
үбү

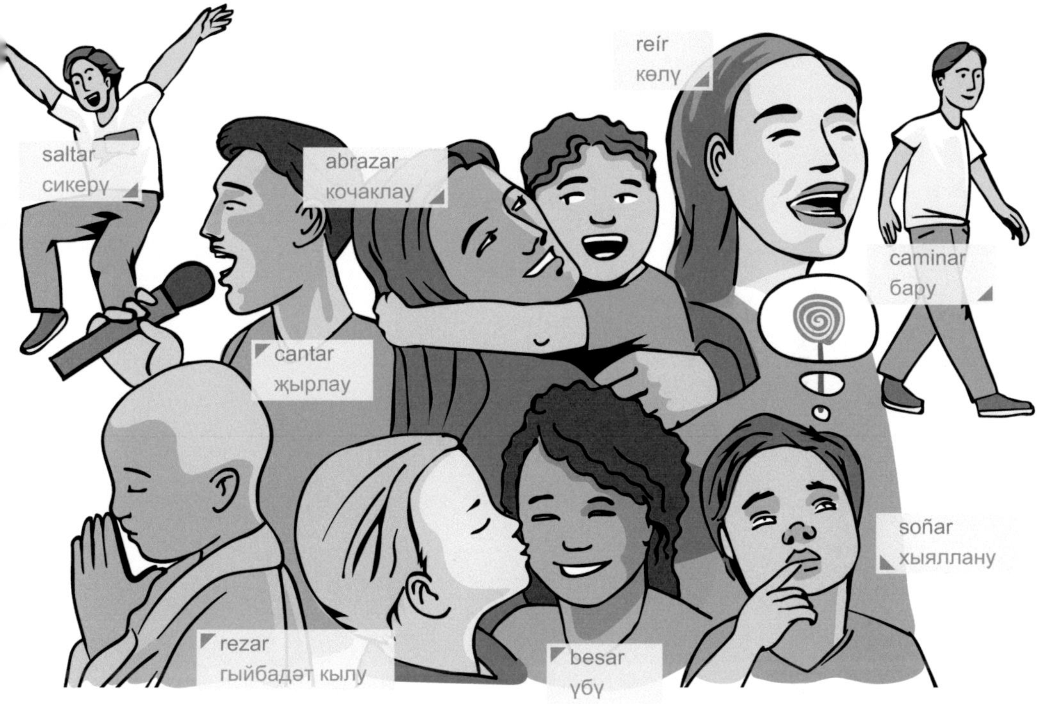

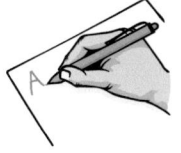

escribir

язу

dibujar

рәсем ясау

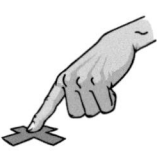

mostrar

күрсәтү

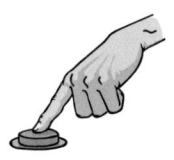

presionar

басу

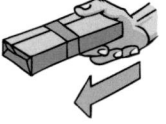

dar

бирү

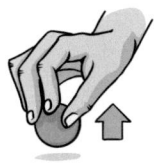

tomar

алу

tener

үзеңдә булдыру

hacer

эшләү

ser

булу

estar parado

басып тору

correr

йөгерү

tirar

тарту

tirar

ташлау

caer

егылу

estar acostado

яту

esperar

көтү

llevar

йөртү

estar sentado

утыру

vestirse

кию

dormir

йоклау

despertar

уяну

mirar

карау

llorar

елау

acariciar

үтекләү

peinar

тарау

hablar

әйтү

entender

аңлау

preguntar

сорау

escuchar

тыңлау

beber

эчү

comer

ашау

ordenar

тәртипкә китерү

amar

сөю

cocinar

әзерләү

manejar

машинада бару

volar

очу

navegar

Җилкәндә йөрү

calcular

исәпләү

leer

уку

aprender

уку

trabajar

эш

casarse

никахлашу

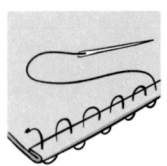

coser

тегү

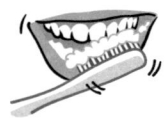

cepillarse los dientes

тешләрне чистарту

matar

үтерү

fumar

тәмәке тарту

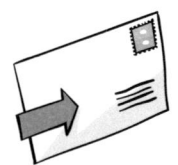

enviar

җибәрү

familia
гаилә

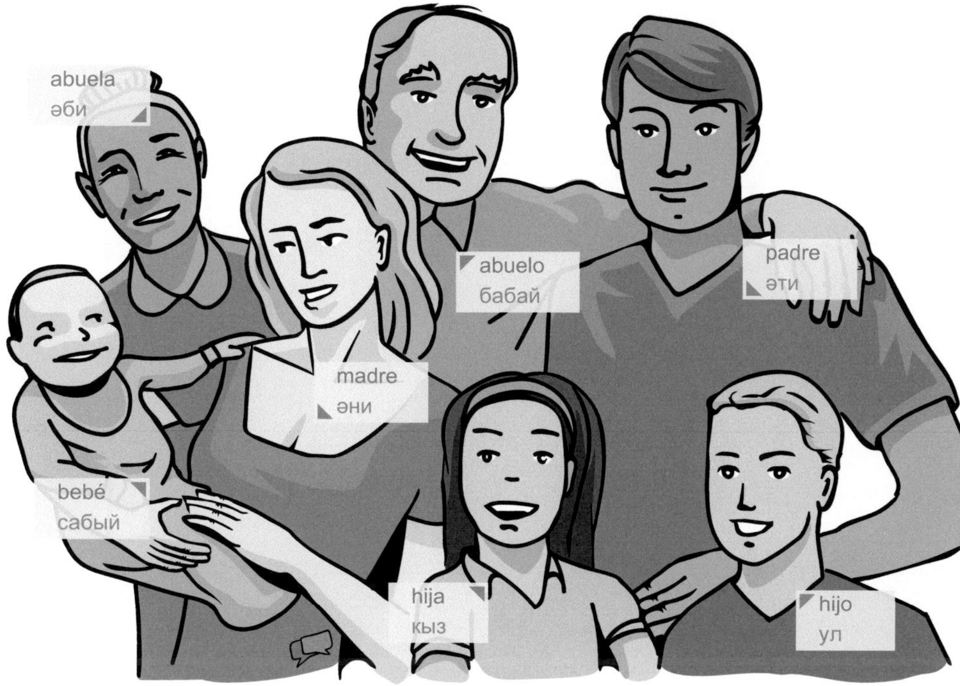
abuela
әби
abuelo
бабай
padre
әти
madre
әни
bebé
сабый
hija
кыз
hijo
ул

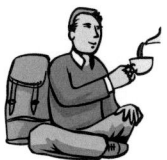

invitado

кунак

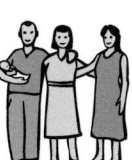

tía

түти

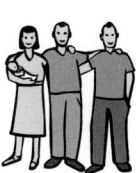

tío

абый

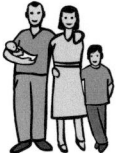

hermano

кардәш

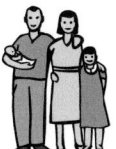

hermana

апа

cuerpo

тән

frente
маңгай
ojo
күз
hombro
кулбаш
dedo
бармак
cara
бит
pera
ияк
mano
кул чугы
pierna
аяк
pecho
күкрәк
brazo
кул

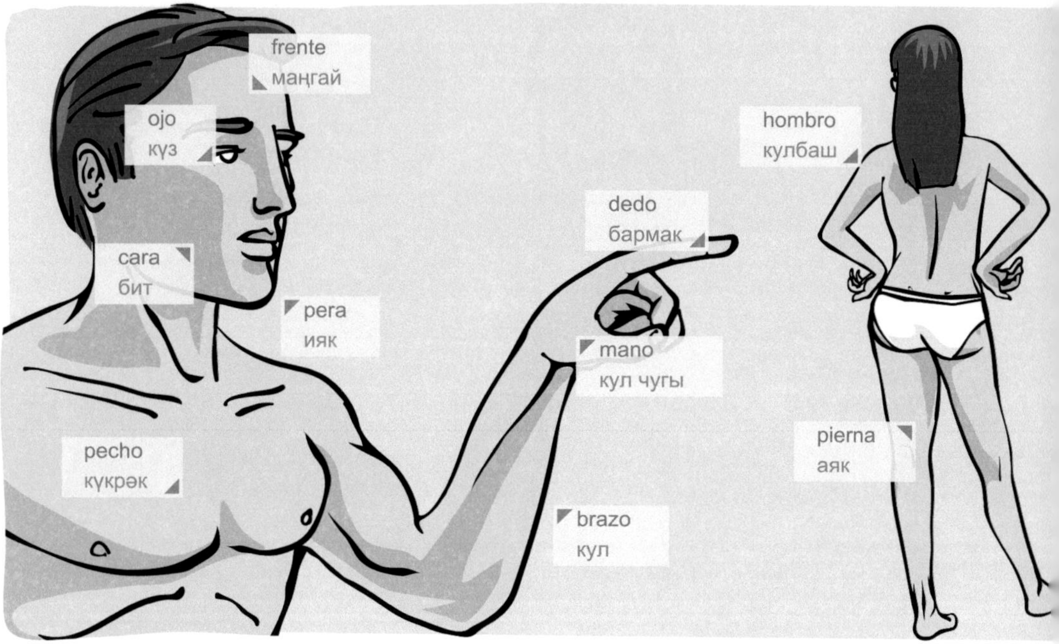

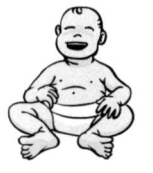

bebé

сабый

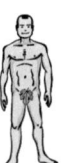

hombre

ир

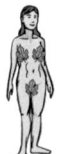

mujer

хатын

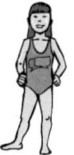

nena

кыз

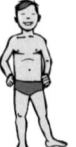

nene

малай

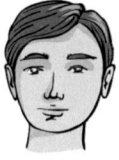

cabeza

баш

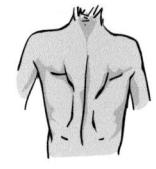

espalda

арка

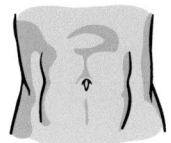

panza

эч

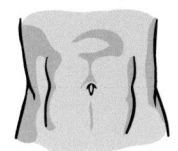

ombligo

кендек

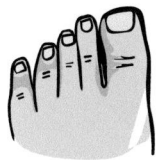

dedo del pie

аяк бармагы

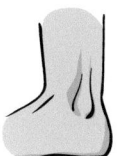

talón

үкчэ

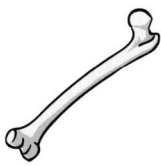

hueso

сөяк

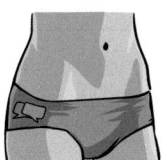

cadera

бот

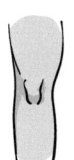

rodilla

тез

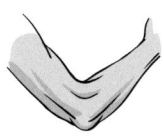

codo

терсэк

nariz

борын

cola

арт сан

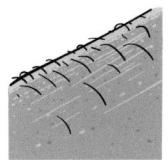

piel

тире

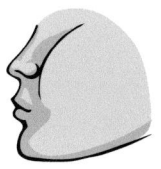

cachete

яңак

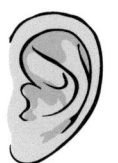

oreja

колак

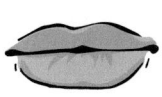

labio

ирен

cuerpo - тән

boca

авыз

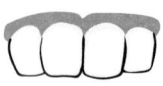

diente

теш

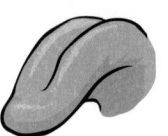

lengua

тел

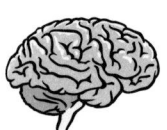

cerebro

ми

corazón

йөрәк

músculo

мускул

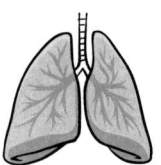

pulmón

үпкәләр

hígado

бавыр

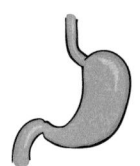

estómago

ашказан

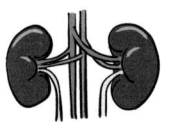

riñones

бөерләр

sexo

җенси акт

preservativo

презерватив

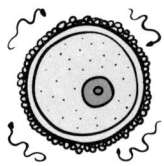

óvulo

күкәйлек

semen

сперма

embarazo

көмәнлек

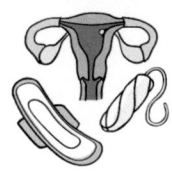

menstruación

күрем

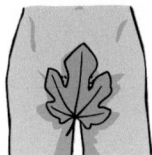

vagina

вагина

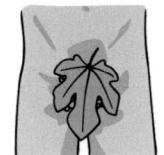

pene

пенис

ceja

каш

pelo

чәчләр

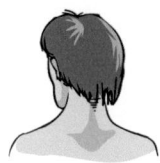

cuello

муен

hospital
хастаханә

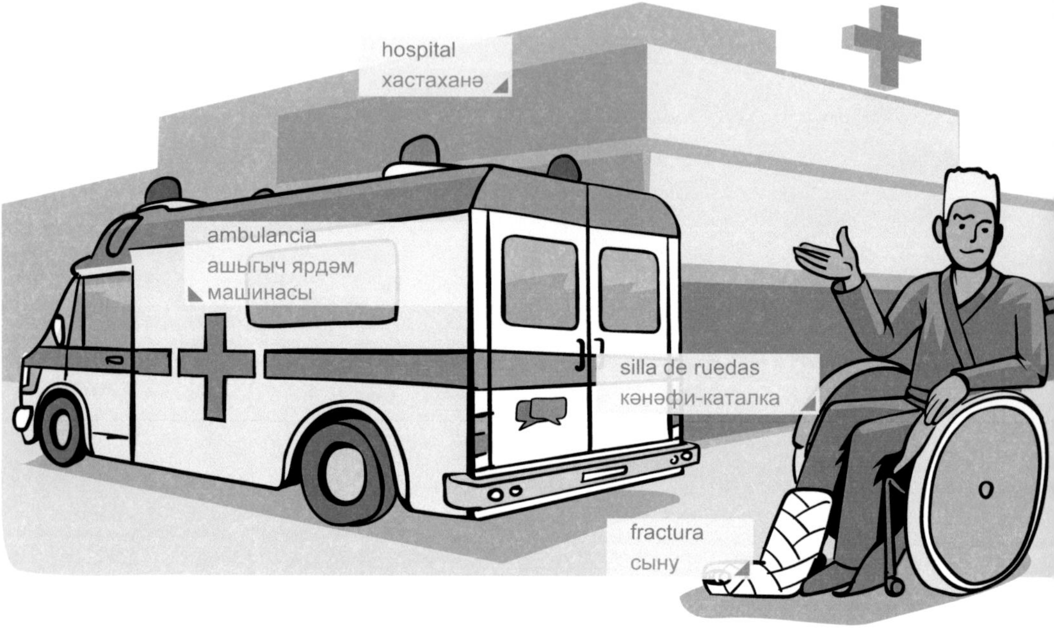

hospital
хастаханә
ambulancia
ашыгыч ярдәм машинасы
silla de ruedas
кәнәфи-каталка
fractura
сыну

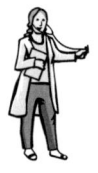

médico

табиб

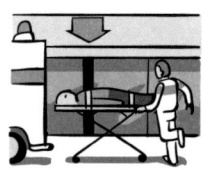

sala de guardia

беренче ярдәм пункты

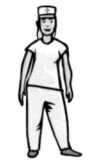

enfermera

шәфкать туташы

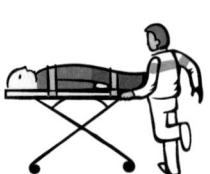

emergencia

кичектергесез хәл

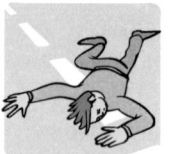

inconsciente

аңсыз

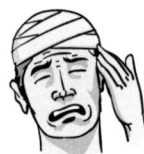

dolor

авырту

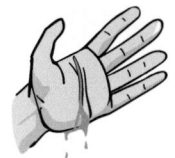

lesión

зыян килү

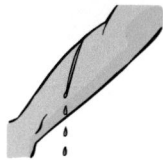

hemorragia

кан агу

infarto

инфаркт

ACV

инсульт

alergia

аллергия

tos

ютәл

fiebre

югары температура

gripe

грипп

diarrea

эч киту

dolor de cabeza

баш авырту

cáncer

кысла

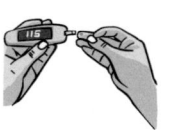

diabetes

диабет

cirujano

хирург

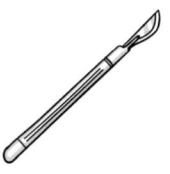

bisturí

скальпель

operación

операция

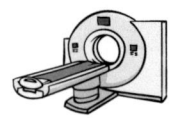

TC

КТ

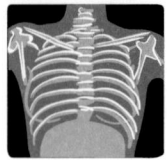

rayos x

рентген

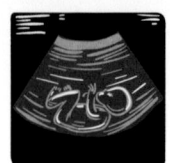

ecografía

ультратавыш

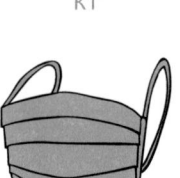

barbijo

битлек

enfermedad

авыру

sala de espera

кабул итү бүлмәсе

muleta

култык таягы

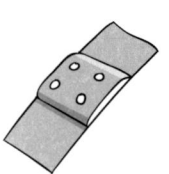

curita

пластырь

venda

бинт

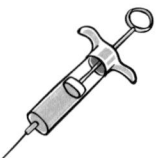

inyección

укол кадау

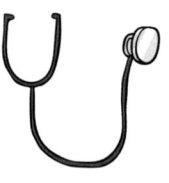

estetoscopio

стетоскоп

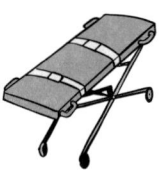

camilla

носилки

termómetro

термометр

nacimiento

туу

sobrepeso

артык авырлык

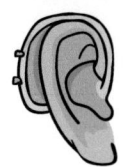

audífono

колак аппараты

desinfectante

йогышсызландыру чарасы

infección

инфекция

virus

вирус

VIH / SIDA

ВИЧ / СПИД

remedio

дару

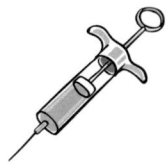

vacunación

прививка

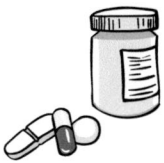

comprimidos

таблеткалар

pastilla anticonceptiva

балага узмас өчен
таблетка

llamada de emergencia

ашыгыч чакыру

tensiómetro

кан басымын үлчәү өчен
прибор

enfermo / sano

авыру / сәламәт

¡Ayuda!

Ярдәм итегез!

alarma

тревога сигналы

agresión

һөҗүм иту

ataque

һөҗүм

peligro

куркыныч

salida de emergencia

запас чыгу урыны

¡Fuego!

Янгын!

matafuego

ут сүндергеч

accidente

каза

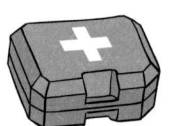

botiquín de primeros auxilios

даруханә

SOS

SOS

policía

полиция

Europa

Европа

América del Norte

Төньяк Америка

América del Sur

Көньяк Америка

África

Африка

Asia

Азия

Australia

Австралия

Atlántico

Атлантик океан

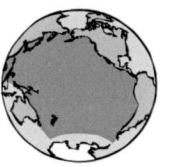

Pacífico

Тын океан

Océano Índico

Һинд океаны

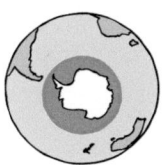

Océano Antártico

Антарктик океан

Océano Ártico

Төньяк Боз океаны

polo norte

Төньяк полюс

polo sur

Көньяк полюс

Antártida

Антарктика

Tierra

җир

tierra

коры җир

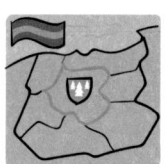

mar

диңгез

isla

утрау

nación

милләт

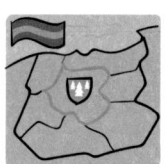

estado

дәүләт

esfera

сәгать циферблаты

manecilla de las horas

сәгать угы

minutero

минут угы

segundero

секунд угы

¿Qué hora es?

Әле сәгать ничә?

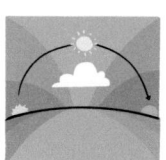

día

көн

hora

вакыт

ahora

хәзер

reloj digital

электрон сәгать

minuto

минут

hora

сәгать

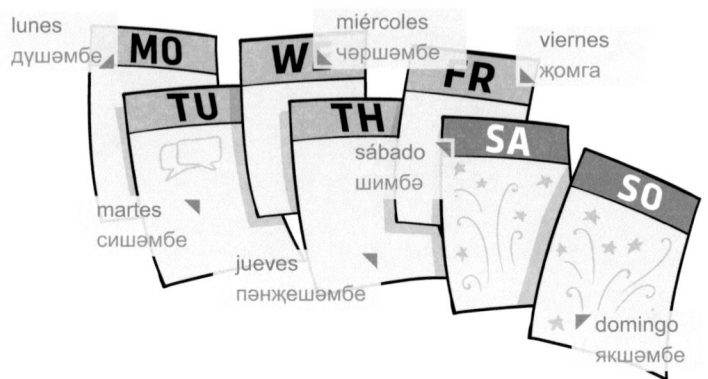

lunes
дүшәмбе

miércoles
чәршәмбе

viernes
җомга

martes
сишәмбе

sábado
шимбә

jueves
пәнҗешәмбе

domingo
якшәмбе

ayer

кичә

hoy

бүген

mañana

иртәгә

mañana

иртә

mediodía

төш

tarde

кич

MO	TU	WE	TH	FR	SA	SU
1	2	3	4	5	6	7
8	9	10	11	12	13	14
15	16	17	18	19	20	21
22	23	24	25	26	27	28
29	30	31	1	2	3	4

días hábiles

эш көннәре

MO	TU	WE	TH	FR	SA	SU
1	2	3	4	5	6	7
8	9	10	11	12	13	14
15	16	17	18	19	20	21
22	23	24	25	26	27	28
29	30	31	1	2	3	4

fin de semana

ял көннәре

lluvia
яңгыр

arco iris
салават күпере

viento
җил

nieve
кар

primavera
яз

otoño
көз

verano
җәй

invierno
кыш

pronóstico meteorológico

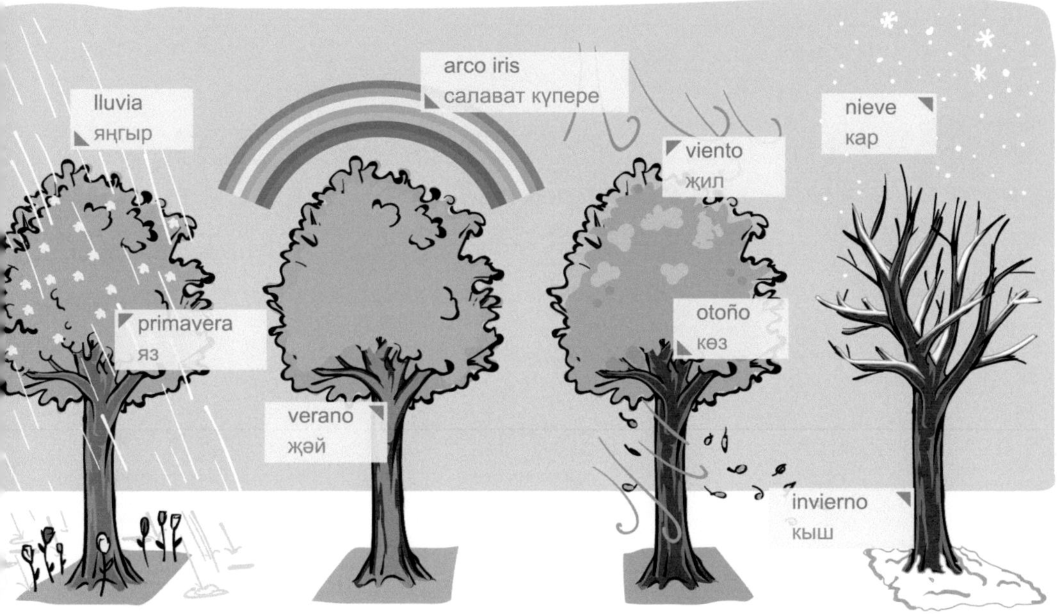

һава торышы

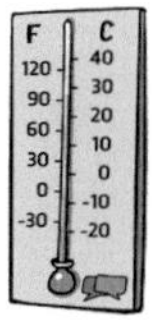

termómetro

термометр

luz del sol

кояш яктысы

nube

болыт

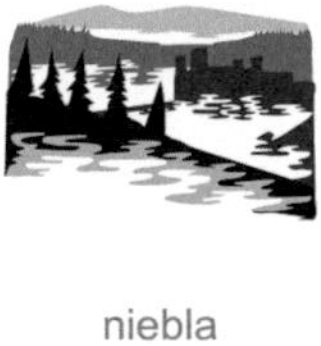

niebla

томан

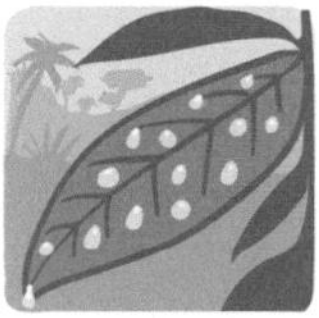

humedad

дымлылык

rayo

яшен

trueno

күк күкрәү

tormenta

давыл

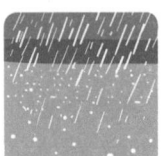

granizo

боз

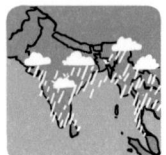

monzón

муссон

inundación

су басу

hielo

боз

enero

гыйнвар

febrero

февраль

marzo

март

abril

апрель

mayo

май

junio

июнь

julio

июль

agosto

август

82   año - ел

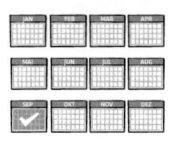

septiembre

сентябрь

octubre

октябрь

noviembre

ноябрь

diciembre

декабрь

formas
формалар

círculo

божра

cuadrado

квадрат

rectángulo

турыпочмак

triángulo

өчпочмак

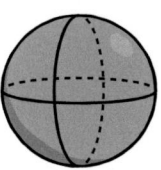

esfera

шар

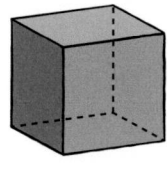

cubo

куб

blanco

ак

amarillo

сары

naranja

кызгылт сары

rosa

ал

rojo

кызыл

violeta

шәмәхә

azul

зәңгәр

verde

яшел

marrón

көрән

gris

соры

negro

кара

mucho / poco

күп / аз

enojado / tranquilo

усал / тыныч

lindo / feo

матур / ямьсез

principio / fin

башы / ахыры

grande / chico

зур / кечкенә

claro / oscuro

якты / караңгы

hermano / hermana

абый / эне

limpio / sucio

чиста / пычрак

completo / incompleto

тулы / тулы түгел

día / noche

көн / төн

muerto / vivo

үле / тере

ancho / angosto

киң / тар

comestible / no comestible

ашарга яраклы / ашарга
яраксыз

malo / amable

явыз / яхшы

entusiasmado / aburrido

дулкынланган / сагынган

gordo / flaco

юан / ябык

primero / último

башта / азакта

amigo / enemigo

дус / дошман

lleno / vacío

тулы / буш

duro / blando

каты / йомшак

pesado / liviano

авыр / җиңел

hambre / sed

ачлык / сусау

enfermo / sano

авыру / сәламәт

ilegal / legal

хокуксыз / хокуклы

inteligente / estúpido

акыллы / акылсыз

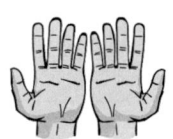

izquierda / derecha

сулдан / уңнан

cerca / lejos

якын / ерак

nuevo / usado

яңа / тотылган

nada / algo

бер нәрсә дә / нәрсәдер

viejo / joven

өлкән / яшь

encendido / apagado

тоташтырылган /
сүндерелгән

abierto / cerrado

ачык / ябык

silencioso / ruidoso

әкрен / кычкырып

rico / pobre

бай / ярлы

correcto / incorrecto

дөрес / дөрес түгел

áspero / suave

кытыршы / шома

triste / contento

моңсу / бәхетле

corto / largo

кыска / озын

lento / rápido

җай / тиз

mojado / seco

дымлы / коры

caliente / frío

җылы / салкын

guerra / paz

сугыш / тынычлык

0

cero

ноль

1

uno

бер

2

dos

ике

3

tres

өч

4

cuatro

дүрт

5

cinco

биш

6

seis

алты

7

siete

җиде

8

ocho

сигез

9

nueve

тугыз

10

diez

ун

11

once

унбер

12

doce

унике

13

trece

унеч

14

catorce

ундүрт

15

quince

унбиш

16

dieciséis

уналты

17

diecisiete

унҗиде

18

dieciocho

унсигез

19

diecinueve

унтугыз

20

veinte

егерме

100

cien

йөз

1.000

mil

мең

1.000.000

millón

миллион

inglés

инглизчэ

inglés americano

американча инглиз

chino mandarín

мандаринча Кытай

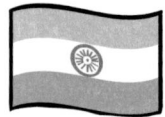

hindi

hинди

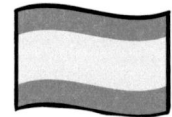

español

испан

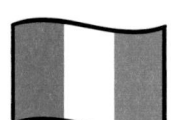

francés

француз

árabe

гарэп

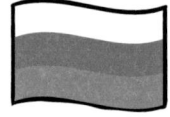

ruso

рус

portugués

португал

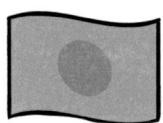

bengalí

бенгал

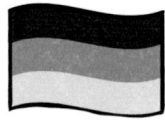

alemán

алман

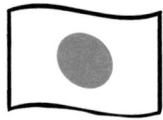

japonés

япон

yo

мин

vos

син

él / ella

ул / ул / ул

nosotros

без

ustedes

сез

ellos

алар

¿quién?

кем?

¿qué?

нәрсә?

¿cómo?

ничек?

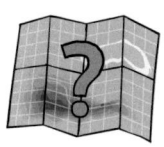

¿dónde?

кайда?

¿cuándo?

кайчан?

nombre

исем

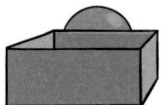

detrás

артта

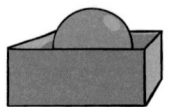

en

эчендә

adelante de

алда

por encima de

өстендә

sobre

өстенә

debajo de

астында

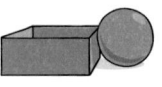

al lado de

янәшә

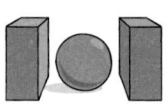

entre

арасында

lugar

урын